MELANCOLIA

MELANCOLIA

Carlos Cardoso

1ª edição

EDITORA RECORD
RIO DE JANEIRO • SÃO PAULO
2019

CIP-BRASIL. CATALOGAÇÃO NA PUBLICAÇÃO
SINDICATO NACIONAL DOS EDITORES DE LIVROS, RJ

C261m

Cardoso, Carlos
   Melancolia / Carlos Cardoso. – 1ª ed. – Rio de Janeiro:
Record, 2019.

ISBN 978-85-01-11779-3

1. Poesia brasileira. I. Título.

19-58218

CDD: 869.1
CDU: 82-1(81)

Vanessa Mafra Xavier Salgado – Bibliotecária – CRB-7/6644

Copyright © Carlos Cardoso, 2019

Projeto gráfico de miolo adaptado do original de Ricardo Assis.
Foto do autor: Arquivo pessoal.

Todos os direitos reservados. Proibida a reprodução, armazenamento ou transmissão de partes deste livro, através de quaisquer meios, sem prévia autorização por escrito.

Texto revisado segundo o novo Acordo Ortográfico da Língua Portuguesa.

Direitos exclusivos desta edição reservados pela
EDITORA RECORD LTDA.
Rua Argentina, 171 – Rio de Janeiro, RJ – 20921-380 – Tel.: (21) 2585-2000.

Impresso no Brasil

ISBN 978-85-01-11779-3

Seja um leitor preferencial Record.
Cadastre-se em www.record.com.br
e receba informações sobre nossos
lançamentos e nossas promoções.

EDITORA AFILIADA

Atendimento e venda direta ao leitor:
sac@record.com.br

*Para meu filho
Pedro Cardoso*

SUMÁRIO

Floragem	13
Melancolia	15
Remar com palavras simples	21
Folhas secas	23
Pedra	25
No seu olhar	27
Ora	29
Para-raios	31
Prosas finas	33
Hoje	35
Não hoje	37
Se me perco	39
Viver não é o que não significa	41
Um lapso	45
Tormento	47
Menino-homem	49
A pedra no carnaval	51
Ficção	53
Calmaria	55

Distração	57
O rolar da pedra	59
Transbordar	63
Araras	65
Assim como a neve	67
Um rabisco	69
Pneumonia	71
Pedra pura	73
Noite sem mar	75
Cavalos-marinhos	77
O passado	79
Relativamente simples	81
Espanto	83
Poeminha	85
Um sopro de ar	87
O barco	91
O pato de pedra	93
Frouxo	95
Pretexto	97
O canto dos sapos	99
O que resta — *Antonio Carlos Secchin*	101
Agradecimentos	109

MELANCOLIA

Floragem

É o início da floragem
e todos os castigos
foram cumpridos,

meus pés não calejados
mas feridos
caminham fortes
e desprendidos,

o sorriso no rosto
não há,
o silêncio é meu único
amigo,

há de chorar
quem ouvir essa dor,

há de partir
quem não amar,

e de ficar
quem ousar compreender
todos os castigos.

Melancolia

1.

Rasgo meu destino
e o trago sem revolta
retiro do bolso minha arma
uma folha de papel
e uma caneta,
não há pólvora!

O ar que me espera
é o ar que me salva,

uma explosão é pouco.

Então uso as metáforas
e as imagens ao meu favor
quando escrevo sem medo
quando escrevo com dor,

grito grito e fico mudo
quando a tarde escurece,
o dia foi-se, tudo padece,
sem prazer, só silêncio,
um instante de alegria não há!

Melancolia,

faz-se necessário
dar um passo, arrisco!
Não me desfaço.

Para esse livro
não escreverei
o que é fácil de entender
o que é fácil de ler
o que é fácil de não ser
o que realmente sou.

Brinco com plástico bolha
ao embrulhar
o boneco do livro.

Iniciarei sem medo,
com a cabeça erguida
falarei em primeira pessoa,
direi: eu! Eu digo!

Cruzarei os mares
com o barco a vela
que me for mais propício,
brincarei com o precipício
e sem sentir o ar
respirarei suavemente,

há anos tento descobrir,
há anos busco tentar,
tento, há anos descobrir,
o que sou, o que quero
e porque fiz o que fiz
sem pensar e sem sentir,

e me arrependo,
e me distraio, e me confundo

nos anos de minha vida árdua,
cuspida de vinagre
onde o sabor me alucina,

deixei que o vento
cortasse a minha casa
de um extremo ao outro,
esculpi a parede mais linda
de tijolos maciços
com maçarico,
argila, cuspe,
e minhas próprias mãos,

não me importo
se não citarei nesse poema
grandes filósofos,

o casulo está aqui, em mim,
eu me escondo,
eu digo que é frio
quando é noite
e que é quente
na madrugada.

Nada?

Não, sou eu!
Esse livro sou eu!

Melancolia,

a palavra
resume esse livro
que levo à vida
e solto no mundo
de todos que o alcançarem.

Falo, porque não
escreverei de forma vã,

quero olhar
para minha melancolia,
e me entristecer, e sentir
que viver é simplesmente viver.

Fogo, aço moído,
ácido cuspido,

sofrimento?

Quero estar no topo,

brinco com plástico bolha
ao embrulhar
o boneco do livro.

2.

Esse estrago continua,
linda essa lua despida,
sua ida é sem volta,
revolta? Tristeza?

Melancolia.

Racha na minha cabeça
o sol que o dia quente no Rio de Janeiro
mantém mesmo a meu contragosto,

não gosto mas não fujo,
o frio dos países nórdicos
me atrai, a escuridão

durante o dia me convida
e sem volta ou ida, eu vou!

Parágrafo embaralhado
com reis valetes e damas,
o coringa é o que mais vale.

Vai entender?
Pois eu não entendo!

Astrofísica, astronauta, os astros,
e continuo a caminhar,
a caminhar,
e caminho sem deixar um rastro.

Remar com palavras simples

Usar os desvios dos rios
para onde tudo flui vermelho
fogo desejado
e remar com palavras simples

contrair os dentes até que jorre
sangue no céu da boca

água translúcida que transborda
verniz de tom indecifrável

usar os desvios dos rios
por caminhos nunca navegados

e remar com palavras simples

onde chegar não saberei
o ilimitável me conduz
nessa terra vasta de luz pouca

vou remar com palavras simples
com sangue no céu da boca.

Folhas secas

Folhas desabam de seus galhos
lentas e suaves tocam o chão,

folhas secas tão próprias
que paro e observo a mudança
do tom e do tempo a serem tomados
por sua beleza.

Certeza, nenhuma.

Estilhaços de suposições,
vários.

Essa é a rua que habito
lindas árvores
mar batendo nas pedras
folhas e silêncio a me intrigarem
decifram a beleza
em sua possível morte.

Mar batendo
nas pedras ao norte.

Pedra

Quebro o gelo com as mãos,
não há um arrepio,
é tudo frio, tudo pedra,

paraquedas que não abre
quando o abismo é grande
e tudo se expande no peito,

o cateter, os músculos
e o pulsar do sangue,
e tudo se expande,

e tudo se comprime na pedra,
tudo fixa, enrijece,
só o que se retrai se expande,
só o que é pedra me atrai.

No seu olhar

Reparei no seu olhar
vestígios enigmáticos de felicidade,
há uma solução saudável
para esse sentimento quase infante,

mas cada qual cumpre seu destino,
alguns partem, outros chegam,
poucos se encontram.

A noite é repleta de esquinas escuras, eu sei,
perambulo por entre as vielas do acaso.

Hoje vejo um luar brilhante
e nele as estrelas me admoestam,

mas é inútil, reluto em acreditar
no que vejo, é que o seu afeto
não existe da forma em que o desenho,
ou, se existe, é tão assustador
que tentas com toda força negá-lo,

abro mão das metáforas
e das formas subjetivas e imagéticas
que a poesia busca a todo custo
para camuflar o que é dito,

mas não silencio,
grito aos sete ventos que a encontrei
apesar dos sons dos pássaros
e da serenidade do mar
dizerem que não.

Ora

Água translúcida
que toca a pele
pelo sexo,

tempestades
que caem dos olhos
em meio
ao nevoeiro.

Haverá algo mais
que palavras
em meio
ao perdão?

Poesia
ora errante
ora inconsequente
ora.

Para-raios

1.

Nos dias frios
não sei em que ferida
ganharei o silêncio,
os gritos prevalecem,
raio de sol a tocar a imensa dor
que é morrer em sua cria.

2.

Ando frio, com fome, azia,
fogo na testa
e um menor arrepio,

imensa cabeça ferida
onde a dor e a paz murmuram
raios de sol a tocar a morte
e o sangue.

Em dias de chuva
bolinhos de vento da vovó
sofrem em vão.

Na beira da mão
raios e luzes trazem
a imensa escuridão,

bola de fogo
a tocar o silêncio,
cabeça ferida, gritos,
raios, para-raios.

Prosas finas

Que as galáxias
perdoem a heresia,

e as metáforas
boca ecoando nas loucas
façam de minhas
palavras poucas

prosas finas.

Quando o suor
dos odores corrosivos
dissipar das minhas mãos
por entre meus dedos,

e a expressão que é
dar vida às minhas rimas
permita que o sim e não
nesse mundo
de poeira ferro e cobre

torne-me um nobre
poeta,

a talhar e fecundar
em minhas entranhas,

frases incertas.

Hoje

Hoje amanheci com lembranças nada fúteis
depois de uma jornada de sono
onde o vento do ar-condicionado
e a forte luz da lua me incomodavam,

por displicência, não levantei para interromper
o barulho ou mudei de lugar,

resisti à minha cura
e permaneci incansavelmente acordado.

Cinza
a ponta do meu lápis,
a ponta do meu dedo,
a ponta do iceberg,

penso que o passado foi o que pôde ser,
penso que o presente por vezes poderia ser diferente,
penso o futuro e vejo as estrelas e lembro da lua.
Estará minha cabeça nas nuvens?

Será que comprarei minha luz?

Sigo reto pelo atalho que procuro,
em cima do muro é mais fácil ficar,
meio eu decido, meio deixo estar,

melancolia, a palavra me atrai,
seu sentido é amplo, sua imagem intangível,
melancolia na alma,
na perna com câimbra,
nas coisas que não fiz.

Hoje,
quando passo em frente ao mar
e as ondas quebram suaves
enquanto os pássaros sobrevoam à espera
do mergulho certeiro em sua pesca,

observo,
observo os dias que perdi,
as várias noites que perdi,

me transformo,
me confundo na ânsia de me descobrir,
e sem final ou fundo,

hoje,
minha melancolia está aqui!

Não hoje

Hoje, ao andar pela orla
de minha pequena praia vizinha,
tenho como companhia
o destino que me permito,

um grito

e assim vou levando o tempo,
maquilagem que vive a enrugar a pele desfeita,
poeira que sobe a se apossar de meus pés,
maneira essa de atingir a paralisia e arrancar
lágrimas de interesse e ferrugem,

jogo todos os meus temores
e tudo é impróprio, insolúvel,
algo se esconde
em uma intrínseca vontade de reagir,

porventura é inimaginável
um homem desistir de viver?

Não entender o passado
é fugir dele e do futuro,

vida vento lágrima chuva,
o tempo joga contra e a favor,

não desista,
a vida o vento a lágrima a chuva.

Se me perco

Nesse instante
um filme sem pausa
e sem reprise
me atormenta
não consigo
ouvi-lo ou vê-lo
nada me alimenta

minhas pernas
andam mais
inchadas
o líquido que
meu corpo retém
contém fibras
sal e gordura

talvez seja isso
que nessa tarde
figura
alguns espasmos
de brandura
e meu uniforme
amassado

assim ganho
um pouco
mais desse dia
se perco
a companhia
é nela
que reencontro

meu uniforme
amassado no
cabide
e alguns espasmos
de brandura.

Viver não é o que não significa

1.

Ouço em pano de fundo
uma suave canção de Tchaikovsky,
desconheço o indiferente

andarilho de primeira viagem
ainda frágil, solúvel feito água, feito o frio
e o vento sobre a neve,
ando pelo dentro e me confundo.

2.

Felina ou felino e feliz
de infiel homem a dissipar de si
a transformação da formiga,
abstração nem sempre
nunca compreendida,

por vezes descartada, ora omitida
pelos lares em que rebanhos
de carneiros sobrevoam
sempre inimigos do que é meu,
e do que é ser,

absurda essa minha eloquência,
inconsequência em dizer que saber é
infinitamente certo
andar pela imaginação da paz que não carrego
e ter como companhia o vento,
o companheiro, a todo instante,
agravante destino em que me permito,
continuo a caminhar sem dar um pio,
e grito, um espasmo,
continuo e assim vou levando,
a vida, o tempo e cada momento.

3.

Certo, certo, errado,
maquiagem que vive
a enrugar a pele desfeita,
poeira que sobe e desce
a apossar-se de meus pés,

maneira essa de atingir a si, paralisia,
defunto a extirpar de cada um o sonho
que por ele chora um pouco de nada,

comoção, emoção essa apenas nos dias
de interesse público,
ou de caráter próprio,

lágrimas que nem a ferrugem,
os vermes e a beleza do partir
conseguiriam alcançar,

jogo todos os meus temores
e tudo é impróprio e insolúvel,
digo adeus
às minhas imperícias
na secura dos olhares
que vejo a cruzarem com o meu,

há algo escondido em
uma intrínseca vontade de reagir,
reforçar é similar.

Porventura é inimaginável
um homem desistir de viver?

Viver não é o que não significa!

Aparição que estaria dentro
entre cada cama,
cada palavra desnuda
no informe publicitário,

calar o passado significa
fugir dele e do futuro,

é sempre desistir
uma nova vida querer
quando não se quer ver
o que faz-se necessário ver.

Em que texto ou em que poste
estava gravada essa mensagem para mim?

Viver é ser vento,
lágrima, chuva,

sorrir, gritar, endoidecer e caminhar, só,
quem sabe algum dia acompanhado
de uma miragem ou de companheira,

quem sabe?
Não seja sua a melhor forma
e hora de dizer-se,
meu dia é lindo, meu tempo
e meus pés são próprios
de quem caminha,
e eu sou somente e multiplamente eu.

Nessa experiência
de um dia de uma hora em uma vida,
e todo resto é apagar
as lembranças na cabeça
que no limiar da histeria
em meio à luz do meio dia
fantástica e pavorosamente sorri.

Um lapso

Meu corpo treme
como há anos não sabia,
hora de apagar as luzes,
a morte me convida em vida
e eu contribuo,

moro onde a paz ilumina
e fico assim atento
onde desapareço,

eis ainda que a natureza age assim
a findar-se na superfície celeste
e esfria e amadurece
na euforia e em palavras vãs
que digo e depois reescrevo-as,

cadáver múmia na pirâmide
de flores ultrajantes,

treme o quarto à noite
que me arrebata e saio tolo,

conto diminuto brilho baço
que em triângulo triangulo
trêmulo e esguio

e me guio pelo gemido da arte,
bebo do vazio, faz parte,

clarões e lampiões e faíscas
procriam,

no futuro rasteiro
um eclipse, um lapso.

Tormento

Astro maligno
poeira no vento
silêncio no escuro
do apartamento

informo
aos meus sentidos
o lamento

é um só
não aguento
o tormento.

Menino-homem

Menino-homem chorando,
arbusto em catarse afigura,

iria até sem mãos e pés
atingir a altura deste vento
que em brandura me pertence,
assim como quem inaugura
a aurora de uma flor
e um corpo que afigura,

ora é palavra santa
em todas as bocas,
ora é digno
do frio que me cerca,
certamente,
ora homem, ora flor,
ora semente.

Basta!

Eu serei uma bela sombra,
das que nenhum homem
seria capaz de afastar-se,
lenda que menino conta

em si desmonta
ao raiar do luar
em meio à cantoria,

choro rouco, rouxinol,
ventania,

elevada voz,
grito, sopro sempre rouco,

vá, siga em frente,
que para trás andam as ondas
e batem sem piedade
nas rochas das baías,

fique homem-menino
longe desta água fria
e deixe que bem de perto
eu ouça esta silenciosa
estridente cantoria,

vá, voa longe,
menino-homem,
vá depressa,
que é estridente
a cantoria.

A pedra no carnaval

No carnaval a pedra
se fantasia de flores,
a pedra tem amores,
dissabores,
a pedra se disfarça
mas não há farsa
que a pedra não veja,
a pedra toma cerveja
e ainda é pedra,

ela percorre a avenida
da saída ao início,
a pedra é doce feito fel,
é mel que figura na louca,
é precipício.

No carnaval a pedra
vive para esclarecer que é pedra,
no carnaval a pedra não reza,
a cartilha?
A pedra se solta na ladeira,
faz besteira, brincadeira?
A pedra namora, beija,
é marinheiro, é bailarina
ou general, a pedra é mal?

A pedra se fantasia, se disfarça,
mas não se esquece que é da massa,
massa mole, pedra dura que não fura,

a pedra é vertigem, é fumaça,
namoradeiro, patrulheira,
é porta-bandeira, se veste de máscara
em formato de pedra,
a pedra ergue, degenera, empedra,
tudo que é não era,
a pedra não erra,
no bloco raso ou fundo
é porco imundo, é bela,
a pedra no carnaval

é só e somente pedra.

Ficção

Beleza da forma,
sei muito da solidão,
da cruz ao crucifixo
do ar à imensidão,

palavras
são hora pouco, sei lá,
todo caminho de ar,

chão assim
paralelo ao mundo,

conhecer esse passado,
a quê?
Calado fico, é pouco,
confuso me perco,

nas imagens do agora,
ficção, na estética
o futuro, do agora
ao princípio do pão.

Calmaria

Retiro das palavras
o que não foi dito

omito

os sentidos saborear
o cheiro, o paladar

fosse um verbo
fosse
a ignorância inútil
jamais calmaria

perpétua prioridade
no litoral da fantasia.

Distração

Estou ainda forte
em linha reta,
poesia sem nome
e uma infinita
dor nos dedos,

incorporo o sentir
obtuso e abstrato,

nada se é além
do que é proferido,
do que fito
quando não brado,

silêncio,

por vezes abstenho-me
do que é estar em tudo,
inverídico
conquisto a cada dia um
pouco de integridade,

na distração do que é ser
me torno sempre
indiferente a tudo
que me agride e afaga.

O rolar da pedra

A pedra que percorre
o Rio de Janeiro
iniciou seu percurso
na fonte, pedra na banda
podre que se espalha
na escuridão com tiros,

bombardeios, sacrifícios,
crianças armadas de neblina,
tiro no escuro, furo,
que do alto do morro
ninguém acerta,
ninguém vê ou alerta.

A pedra rola pela escadaria,
as trincheiras estão por ali,
o calabouço já não é um refúgio
e ser preso faz parte do cenário.

Pedra que vira manchete
de revista, pedra que está
no pó, no centro do morro,
pedra sem horizonte.

Pedra de coca, pedra de crack,
pedra na pedra.

É dura essa vida tão curta,
criança que já nasce armada,
pedra que corre e se esconde
vai de um morro a outro
como se voar fosse nada.

Pedra no dentro da madrugada?

Madrugada no dentro da pedra?

Pedra que brincar desconhece,
pedra em escola não vai,
pedra aviãozinho, pedra no asfalto,
pedra na Maré, pedra na Rocinha,
pedra no Leblon, Pavãozinho?

Rola essa pedra na margem,
já que a tangente é nada,
essa viagem é curta, abrupta,
pedra na jaula jogada.

Pedra.

A pedra não vacila, nem nada,
a pedra fica espreita, atenta,
entocada, é ríspida,
foi assim que foi criada,
sabendo do entorno curto
ou do entorno longo
nada além do previsível,
a pedra se acalanta com sua amada,
amada essa que é pedra!
Pedra com pedra
que faz nascer pedra.

Assim tudo fica como é,
como era e como está,
pedra na guerra, pedra rolando,
pedra pra lá, pedra pra cá.

Pedra.

Transbordar

Essa dor tão forte
quanto bomba atômica
mais ácida que coca
ou bebedeira de diamba

ela que bate em meu
peito

quando a insanidade chega
por trancá-la
n'alma que apanha

que me faz lutar
guerreiro cortar o fogo
andarilho entre a luz
e a insanidade do instante

que me faz calar
que me faz transbordar

de luz, de água, de terra, de ar.

Araras

Aqui, em Araras,
ouço meninos que dizem voar,
vejo meninos tentando voar,
sinto frio
e paro a olhar ao meu redor.

Doido ou doído?

Com o rosto deformado
um menino me diz olá,
olá, eu te conheço?

Bailarinas dançam sobre o barro
em suas sapatilhas invisíveis,
aqui, o preto no branco
é vermelho sangue.

Nas cabeças dos meninos
não há quem saiba o que passa.

O alívio pela prisão entre
muros e cercas e o infinito
é a imagem de cada um deles
quando o remédio injetável

invade o corpo
para espantar os fantasmas
que os perseguem sem piedade
tomando seus sonhos.

Meu olhar permanece fixo,
os pássaros
sobrevoam Araras cantando
para os meninos, e me pergunto:

que dor haverá nessas almas?

Quero aprender a guardá-la!

Assim como a neve

Para Caio Fernando Abreu

Alguma coisa aconteceu comigo,
a cada dia uma vontade
própria da linguagem aparece,
meus músculos estão nos nervos,
sinto na dor dos ossos a dor nos ossos,
meus olhos andam mais turvos
e o caminhar mais lento, mais vírus,

ainda não sei o que está
acontecendo comigo,
meu lado esquerdo
teima em ficar dormente,
feridas aparecem na linha do corpo,
manchas sobre a pele
não mais me surpreendem.

Tente entender!

Em meu silêncio moram os verbos
que não saem de uma forma clara,
o vírus da insônia
petrifica minhas articulações
e minhas palavras.

Está tudo tão confuso,
está tudo tão mais frio,
disforme,
é que algo aconteceu
tão estranhamente estranho
que sequer sei dizer o quê.

Tente entender!

Algo no passado tornou o agora
e o futuro tão mais puros
e comuns a todos
no mesmo espaço cósmico.

Sei que assim, entendendo o que
digo que é, talvez o que quer que for,
isso seja eu,
e tudo fique na linguagem do corpo,
no vírus d'alma,

assim como a neve
no coração de quem sabe.

Um rabisco

É hora de levantar-se
do sofá camuflado de veludo,
as noites estão bem mais escuras
e tudo mais amplo,

o significado que busco em tudo
foi em um susto outrora,
assim levanto a cabeça
e mantenho o corpo ereto,

mas não me esqueço
que os questionamentos
são parte do dia,
sem eles enlouquecemos,

estamos presos
na própria criatura
com a cabeça
lotada de aspirina
e nossas lembranças,

então grito pela sanidade
que me pertence, pela paz
que busco dentro dos meus olhos
de fundo amarelo,

endorfina, imunoterapia,
corticoide, azatioprina,

cerca imaginária
de arame farpado
onde me aprisiono

leso em minhas
alucinações, há risco!
Em um pisco, rabisco,

e tudo ficará pior
do que é
se assim ficar,

de fora para dentro
de dentro a estar.

Pneumonia

Há em meu peito uma praga!

O que em meu ombro pousa
não é uma chaga que repousa
nem um filho mau
que advém da graça divina.

Em um lado do peito o catarro infiltrado
encrosta em minha imunossupressão
e me deixa artifícios para uma noite morta.

Quão assim sou elevado estranho?
Tamanha é a dor que revolta e me ilude
com a vicissitude de que a morte chegue
e com ela o deslumbrante alívio.

Tenho que dizer-te que viver para mim
é quase sempre um tormento.

Há quem comigo conviva
que diga que sou a própria morte,

pois, por tanto amar a vida,
quando ela, a morte, me convida,
em face do sofrimento que finda,
eu parto agradecendo a sorte.

Pedra pura

Essa pedra que carrego
sobre a balança que me peso
é pedra dura, de concreto,
pedra que dói e cura, brilha,

pedra pura!

Por essa pedra esse peso
que carrego noite e dia
só guardo o desapego,
me pega melancolia,

essa pedra me acompanha
pela estrada, na madrugada
quando escrevo, só.

Toda ausência é pedra!

Pedra tarda mas chega,
pedra firme, nada oca,
pedra quente, pedra fritada,

no meu peito está cravada?

Essa pedra me entende!

De tudo que tenho,
é ela, a pedra, bruta ou lapidada,

pedra minha companheira
pedra na madrugada,

pedra dura, pedra pura,
em meu corpo ela perdura.

Noite sem mar

Sinto sua falta
e não dos seus riscos
em demasia,

os pingos nos is
você nunca os coloca,

parafina usada
para salvar o dia em flor,
a noite sem mar.

Ontem,
ainda no cedo da noite
quis tocar o seu rosto,

vi — a luz do sol brilhar
no céu do seu rosto,

vi — a única esperança
do que é
e talvez será
em um poema rasteiro,

simples
como um mergulho
no ar,
a despedida.

Cavalos-marinhos

Há na palma de minha mão
um cavalo-marinho.

No fundo do que sou
mergulho
em raras profundezas.

Talvez assim entenda
que viver
não é acordar após dormir
e que não há maior beleza
que a solidão
e o fechar os olhos e partir.

Vejo que são rasas as pessoas
pelas partículas que vejo.

Se assim creio, assim crio
nesse mar selvagem
e apenas sumo
entre os redemoinhos
e os cavalos-marinhos

entre ondas
que abrigam e afogam
para dentro me jogam
me deixando lá.

O passado

Passadas as horas ficou o passado
e o vago que é a lagoa Rodrigo de Freitas
e seus peixes mortos a boiarem.

É nele que me fixo.

O passado é fonte de riqueza
é nele que busco o saber
é nele que encontro o que busco,

o passado é mais hoje que o presente
que quando ausente
é no passado que eu volto.

O futuro que vejo é refém do passado que eu sei,

como uma couve que brota do seu broto
como uma árvore que um dia foi semente,

o passado é melancolia,
e de repente

isso é tudo o que eu queria.

Relativamente simples

Lá fora há nuvens carregadas
pássaros cantam
e um rio não muito longe segue o seu rumo

há meninos silenciosos
a impor seus desejos.

Lá fora à frente de minha casa
há carros estacionados
e turistas caminhando
entre os restos do lixo
que a chuva de ontem deixou

há belas árvores altas e frutíferas
trazendo vasta sombra

macaquinhos em festa
descendo da floresta da Urca

malabaristas rumam
para o seu trabalho diário

médicos trocam
o plantão nos hospitais

nem Armstrong nem Fitzgerald cantam mais

escrevo este poema prosaico
sem a pretensão de nada ser além do que **é**

relativamente simples
profundamente em p**é**

não uso as metáforas costumeiras
não o carrego das imagens
que me acompanham

não silencio não grito

não há pureza ou sacrifício
não há melancolia
ou qualquer caminho a seguir

nem Armstrong nem Fitzgerald cantam mais.

Espanto

Releio os meus versos
e me aterrorizo com o que faço.

Como pude escrevê-los?

Como me deixei expor
como um quadro na parede
em diferentes formas de estar ali
no plano
e sublinhado por tudo que é subjetivo?

Vontade de voltar a ser criança
e brincar de pique-esconde e lambuzar-me
de mariola e rapadura derretida,

por baixo da cama
jogar as folhas de papel,
doar minha lapiseira
a uma entidade filantrópica
e guardar tudo que sou,

deixar os meus rastros contados,
fotografados e mostrados
somente para minha memória,

e no espanto me desintegrar.

Poeminha

Para Vinicius de Moraes

Minha menina é tão bonita
canta feito passarinho

me acorda cedo ao dia
me abraça ao deitar à noite

é mais ágil que o vento
tão cheirosa feito as flores

sabe o que está em meu pensamento
sabe de todos meus desamores

minha menina é ciumenta
quando está muito insegura

e é forte que arrebenta
quando se acha a mais bonita

minha menina não é santa
das criaturas é a mais sensível

e com a flor com que se encanta
quando ganha um ramo simples

que meu amor não me afronta
ao saber o que não quis

sou o homem que a ama
mas por ser um aprendiz

direi adeus minha menina
partirei por que preciso

fazer o que ainda não fiz.

Um sopro de ar

Para Silviano Santiago

Comemore, Silviano,
o que te pertence,
a razão irrelevante
é pó, nesse instante
só o que em todas
as cores se dissipa ficará.
Esse algo em formato
de arco-íris ou Jabuti é mágico,
pois não é um sopro
a mais ou a menos
que percorre os noticiários,
é você, amigo, que fez
nascer de sua plenitude
com Mil Rosas Roubadas
sobre a folha branca de papel,
Machado, Stella Manhattan
e muitas outras histórias.

Lembro que quando o conheci,
vi — um homem forte
de andar lento, tácito,
intrínseco ao silêncio
dos sábios e do vento,

falamos de poesia,
de música, negócios,
artes plásticas e política,
falamos de um Brasil
com poucas
esperanças no peito,
esse que habitamos
entre famintos
e homens ricos de moedas
e perdidos em suas
ambições de reis e presidentes,

falamos do poder
e de poder ser,

falamos da metafísica
e de imagens plásmicas
e geométricas,
do talvez, do imediato
e do hermetismo
que se esconde no espírito
e faz-se corpo místico
nessa intervenção
que ouço e que digo
nas telas do ontem
e no silêncio do hoje.

Eu — esse poeta
que publica o oximoro

da pureza no sacrilégio,
e que por um
décimo de instante,
encontrei, eu,
esse homem tão só em si,
um semelhante para falar
não usando palavras escritas
ou o som do silêncio imagético,
mas a voz.

Silviano, brindemos,
pois nesse décimo de instante
um sopro de ar
pegará uma nuvem
e pausadamente respirando
percorrerá os oceanos.

O barco

Essa paisagem me pertence,
mar, árvores, ferrugens, aves.

O bondinho quando parte
sob as nuvens ou sol poente
não voa como um pássaro,
é barco a remo.

As ondas borbulham,

ora

é água gelada
que transpiro,
enquanto
ergo esse impenetrável muro,

e apenas
olho,

admiro.

O pato de pedra

Para Carlos Vergara

Vejo a sombra do que sou
nessas duas pedras,
uma alongada é o corpo.
Outra é a cabeça
da melancolia que descrevo.

Esse pato de voz rouca
que fala baixo,

é você
no espelho do que somos?

Que melancolia
pertence a esse pato
em suas fotos
onde o azul prevalece?

Esse pato não é Cristo!

É o que nos pertence
em nosso âmago narciso?

Esse pato essas pedras

no caminho que percorro
são as pedras que me amparam
são as pedras que me empurram
são as pedras que não rolam

quando vivo o quanto morro.

Frouxo

Arrisco um petisco
de olhar que
anuncia e deslumbra
mentiras bem-vindas

pedra lançada ao mar

beleza que indefiro
quando o ar é pouco

água

nada é tão perturbador
como o destino

rio solto, promíscuo
como um sorriso frouxo.

Pretexto

A vida que eu carrego nesse cesto
tem o peso de uma vida moderna
as vírgulas e os pontos de texto
e os senões que acompanham os dias.

Ora sim, ora não, ora porém, ora pretexto.

Uso o pretexto para o que não vivi.

Que saudades tenho do passado
da infância onde tudo era sereno
da neve que cai sobre os carros
do vento suave que toca meu rosto
e do abraço de minha mãe.

Meu pai a me jogar para alto
e eu com a certeza de que ele me abraçaria
ficava feliz e sorridente ao flutuar no ar
e sem pressa
e sem alterar as forças da natureza
cair em seu colo.

Que saudades tenho do passado
de minha infância onde tudo era sereno.

O canto dos sapos

Meus olhos já não cabem abertos
o barulho dos raios e dos trovões
me mantém acordado.

A chuva que não se recolhe
por teimosia desaba lá fora
e nesse instante teima
em abruptamente regar as plantas
e estimular o canto dos sapos.

Tudo que serve nesse momento
é silencioso e imprevisível,

tudo que chega me deixa pasmo.

Falo dos astros e do que é previsível,
falo do invisível e dos invencíveis,
mas nada me serve nesse instante.

Tudo que silencia é agravante.

Melancolia.

Meus olhos já não cabem abertos,
decerto
o barulho dos raios e dos trovões
está a silenciar.

Restará apenas o canto dos sapos.

POSFÁCIO

O que resta
ANTONIO CARLOS SECCHIN

Melancolia, de Carlos Cardoso, reafirma, para além da originalidade de uma poesia saudada, entre outros, por Silviano Santiago e Antonio Cicero (in: *Na pureza do sacrilégio*, 2017), a vocação nômade de uma palavra simultaneamente atenta ao que escapa e ao que se condensa. A matéria em expansão na vida vegetal e animal — em floragem, nas suaves folhas secas, no canto dos sapos — contraposta à condensação e a contenção da matéria mineral, sobretudo nas pedras estrategicamente situadas em várias partes do livro. Ainda que, na incessante dissolução de previsibilidades, tenhamos, com frequência, uma pedra em movimento e em metamorfose.

Também numa sutil composição, a "Melancolia" que nomeia a obra não se oferta de início: emerge no poema 2, melancolia assim oculta pela "Floragem" que graficamente a encobre na folha anterior. A palavra-título se dissemina ao longo do livro, retornando ainda na penúltima página do derradeiro poema da coletânea.

As relações deceptivas com o real constituem uma das tônicas da obra. Sucessão de pequenos desencontros, de paisagens mal percebidas, da consciência de perdas — tudo isso, de modo personalíssimo, vazado num "tom menor", baixossonante, em que a palavra pura, e não o combustível da raiva, parece alimentar a força do poeta:

> Rasgo meu destino
> e o trago sem revolta
> retiro do bolso minha arma
> uma folha de papel
> e uma caneta,
> não há pólvora! (p. 15)

O destino, portanto, é o que perdura como fragmento de um projeto (rasgado, o poeta o *traz*) e, ao mesmo tempo, aquilo que, de qualquer modo, não pode ser abandonado: embora rasgado, ele o *traga*, incorpora.

O veio metalinguístico, bastante ostensivo nessa e em outras peças do volume, elabora uma espécie de poética da negatividade, em que mais se destacam os limites do que o alcance dos signos, cerceados, mas imantados pela miragem de um além inominável.

> Para esse livro
> não escreverei
> o que é fácil de entender
> o que é fácil de ler (p. 16)

***

o ilimitável me conduz
nessa terra vasta de luz pouca (p. 21)

***

Retiro das palavras
o que não foi dito (p. 55)

Esse não dizer das palavras é o horizonte a que aspira o poeta. Não o silêncio prévio ao dizer, e sim o silêncio para além do que pôde ser dito, e que resiste como núcleo infranqueável e impermeável à verbalização.

Heloisa Buarque de Hollanda destaca em Cardoso a poesia como técnica de sobrevivência. O poeta é o que permanece "incansavelmente acordado", ainda que seja para contemplar o vazio. A parede-poema que o sustenta se ergue "de tijolos maciços/ com maçarico,/ argila, cuspe,/ e minhas próprias mãos". Nesses versos, há uma confissão de que a matéria exterior e a íntima amalgamam-se num só corpo, e é em tal fusão que se perfaz a poesia: "Este livro sou eu."

Num desdobramento radical de famoso verso de Paul Valéry, "Os acontecimentos me aborrecem" ("Les événements m'ennuient"), Carlos abraça o viés do desacontecimento: a carga da matéria explicitamente referencial, geográfica, histórica, de seu discurso é tênue (surgem, aqui e ali, referências à cidade do Rio de Janeiro). Contra a crueza realista do dado empírico, lá estão "meus pensamentos/ a delirarem nas nuvens". Daí, talvez — alçada às nuvens — a sensação constante de que algo não se materializa, evanesce, não se deixa tocar: desacontece.

Há, todavia, gradações no tom "melancólico" do livro, no que tange à estratégia comunicativa dos poemas, num arco que engloba tanto peças bastante cifradas quanto outras, alocadas em maioria no final do conjunto, em que aflora um discurso de maior transparência, a exemplo de "Poeminha", não por acaso dedicado a Vinicius de Moraes:

> Minha menina é tão bonita
> canta feito passarinho
>
> me acorda cedo ao dia
> me abraça ao deitar à noite
>
> é mais ágil que o vento
> tão cheirosa feito as flores
>
> sabe o que está em meu pensamento
> sabe de todos meus desamores (p. 85)

"O passado é mais hoje que o presente." Sim, como afirmava verso do anterior *Na pureza do sacrilégio*, "A memória é uma porta de escape". Carlos Cardoso agora a transpõe, para urdir o irresistível encontro da memória com a imaginação, cristalizando esse outro modo de falar que se chama poesia.

Se os "deuses são metáforas", o verbo poético contém e estampa a centelha divinamente humana que forja o ofício do poeta.

Em diálogo implícito com o Drummond de "Tudo é teu, que enuncias", declara Carlos Cardoso: "Essa paisagem me pertence,/ mar, árvores, ferrugens, aves" — todas as modalidades da matéria, mineral, vegetal, animal. Num só verso o universo se condensa, e cabe à poesia ritualizar perpetuamente a encenação de um mundo sem origem e sem fim. É o que faz, com talento e consistência, Carlos Cardoso, em *Melancolia*.

AGRADECIMENTOS

Agradeço o incentivo de Silviano Santiago e de Antonio Cicero, o diálogo com Carlos Vergara, as críticas de Heloisa Buarque de Hollanda e Antonio Carlos Secchin, e o acolhimento e a confiança da Editora Record.

Este livro foi composto na tipografia
Minion Pro, em corpo 11/16, e impresso
em papel off-white no Sistema Cameron da
Divisão Gráfica da Distribuidora Record.